Aloe Vera Kochbuch

Yrkia-Astrid und
Karl-Heinz Mattern

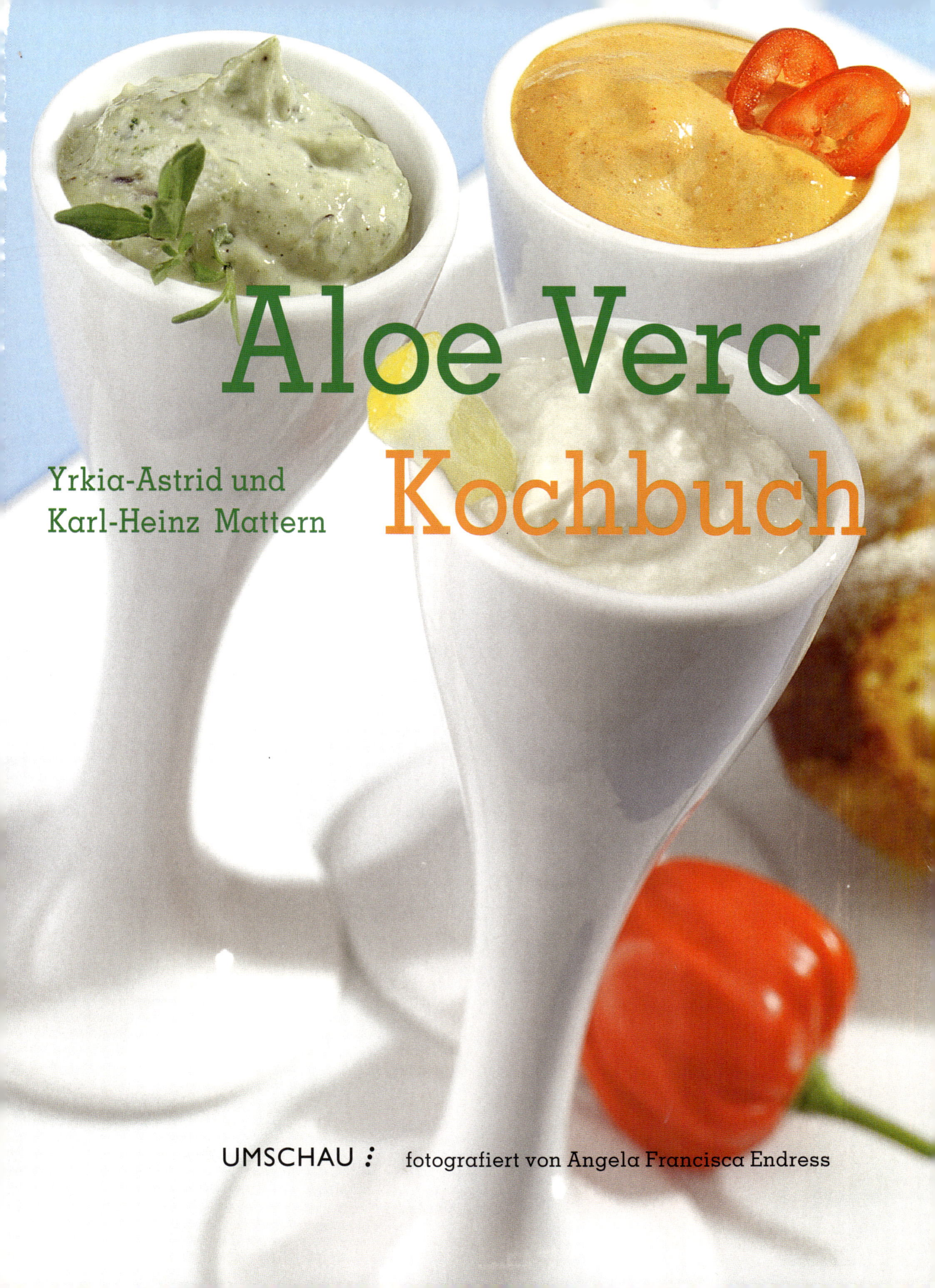

UMSCHAU fotografiert von Angela Francisca Endress

Inhalt

Kochen mit Aloe Vera

Rezepte aus Aloe Vera

Kochen mit Aloe Vera

Was kann man eigentlich essen ?

Die Vorbereitung des Blattes

Die Verarbeitung des Aloe Vera Marks

Worauf muss man beim Kauf frischer Aloe Vera Blätter achten ?

Kochen mit Aloe Vera

Was kann man eigentlich essen ?

Etwa 400 Wirkstoffe machen die Aloe Vera in der heutigen Zeit fast unverzichtbar. Aber neben wertvollen Vitaminen, Mineralstoffen und hochwertigsten sekundären Pflanzenwirkstoffen enthält die Aloe Vera Pflanze auch Stoffe, welche für unseren Körper nicht geeignet sind. Aloe Vera Blätter enthalten Aloine und Aloe-Emodine, diese Stoffe wirken auf unseren Darm reizend und stark abführend. Deshalb raten wir dringend davon ab, Aloe Vera Blätter mit der Schale zu essen.

Zum Glück sind diese für den Menschen unverträglichen Stoffe nur in der Blattschale und in feinen Kanälen zwischen dem Blattmark und der Schale vorhanden. Im Blattmark selbst sind sie nicht. Deshalb ist das Schälen des Aloe Vera Blattes unverzichtbar.

Die Vorbereitung des Blattes

Entfernen Sie zuerst die Blattseiten mit den Stacheln, den Blattansatz und die Blattspitze (Bild 1). Jetzt entfernen Sie die Schale

von der Blattoberseite (Bild 2). Nun können Sie das Blattmark herauslösen. (Bild 3)

Wer ganz sicher gehen möchte, entfernt zuerst den Blattansatz und stellt das Blatt für eine halbe Stunde in klares Wasser, nun kann das Abführmittel abfließen. (Bild 4)

Die Verarbeitung des Aloe Vera Marks

Nach dem Schälen des Blattes können Sie das herausgelöste Mark weiter verarbeiten, zum Beispiel für das geplante Gericht in Würfel schneiden (Bild 5 auf nachfolgender Seite). Für einige Zubereitungsarten empfiehlt es sich, das Blattmark kurz zu blanchieren. Bedenken Sie dabei, dass viele wertvolle Inhaltstoffe wärmeempfindlich sind. Halten Sie deshalb die Blanchierzeit möglichst kurz.

Oft genügt es, einfach den etwas zähen Schleim unter fliesendem Wasser abzuspülen.

Erschrecken Sie nicht, der etwas bittere Geschmack des Aloe Vera Gels wird von allen weiteren verwendeten Zutaten positiv beeinflusst und schmeckt dann sehr gut.

5

Kochen mit Aloe Vera

Worauf muss man beim Kauf frischer Aloe Vera Blätter achten ?

Frische Aloe Vera Blätter erhalten Sie in vielen Naturkostläden und Reformhäusern. Es gibt auch Aloe Vera Farmen, die Händler und Endverbraucher direkt beliefern. Wichtig ist, dass Sie beim Kauf auf folgende Qualitätsmerkmale achten:
Das Blatt sollte sich fest anfühlen und darf keine glasigen Stellen haben oder Verletzungen aufweisen. Kaufen Sie möglichst Blätter aus biologischem Anbau oder aus der Wildwuchssammlung.

Wenn Sie fertige Produkte kaufen, achten Sie darauf, dass der Hersteller möglichst auch der Aloe-Anbauer ist. Viele Aloe Vera Farmen, Hersteller von Produkten und Wissenschaftler haben sich unter dem Namen I.A.S.C. (International Aloe Science Council) zusammengeschlossen und bürgen mit ihrem Siegel für Qualität und Sicherheit.

Rezepte aus Aloe Vera

Salate und Suppen

Vorspeisen, Brot und Beilagen

Hauptgerichte

Desserts und Backwaren

Cocktails

Salate und Suppen

Aloe-Linsensalat

Zutaten für 4 Portionen

250 g Aloe Vera Blattmark
120 g geschälte gelbe Linsen
20 g getrocknete Mu Err Pilze
2 rote Paprikaschoten
frische Gartenkresse
4 Esslöffel Weißweinessig
4 Esslöffel Olivenöl
eine Prise Kräutersalz
Pfeffer aus der Mühle

Die Linsen mit 1/2 l Salzwasser nur kurz kochen lassen. Sie sind sehr schnell weich. Das Wasser abschütten und die Linsen abkühlen lassen. Die Mu Err Pilze mehrere Stunden in reichlich Wasser einweichen, unschöne Teile entfernen und die Pilze in feine Streifen schneiden, 10 Minuten kochen. Sie bleiben auch bei längerem Kochen fest. Abschütten und abkühlen lassen.

Das Aloe Vera Blattmark in dünne Scheiben schneiden, mit den Pilzen und den Linsen mischen. Mit Kräutersalz, Pfeffer, Weißweinessig und Olivenöl würzen.

Auf halben Paprikaschoten mit Kresse anrichten.

Aloe-Rotkraut-Apfel-Salat

Zutaten

400 g Rotkohl
200 g Aloeblatt
1 Apfel
1 Esslöffel Zitronensaft
eine Prise Salz
1 Esslöffel Honig
1 Esslöffel Apfelessig
2 Esslöffel Sonnenblumenöl

Das Rotkraut in feine Streifen schneiden, eine Prise Salz dazugeben und leicht gepresst 1/2 Stunde ziehen lassen.

Das Aloeblatt schälen, das Mark in kleine Stücke schneiden und mit Zitronensaft beträufeln. Den Apfel ohne Kerngehäuse in feine Scheiben schneiden und dazugeben.

Alle Zutaten vermengen. Mit Honig und Apfelessig würzen, das Sonnenblumenöl hinzugeben und abschmecken .

Dieser Salat ist als Beilage oder als kleine Zwischenmahlzeit sehr gut geeignet.

Spargelsalat

Zutaten für 2 Portionen

200 g Aloeblatt
200 g Spargel
1kleiner Bund Schnittlauch
eine Prise Salz
Pfeffer aus der Mühle
2 Esslöffel Olivenöl
2 Esslöffel Weißer Balsamico Essig

Das Aloe Vera Blatt schälen, das Blattmark blanchieren. Den Spargel schälen und abkochen. Erkalten lassen. Das Aloe Vera Blattmark und den Spargel in gleichgroße Stücke schneiden und zusammen in eine Schüssel geben. Schnittlauch in feine Röllchen schneiden und dazugeben. Mit Salz, weißem Pfeffer und Cayennepfeffer nach Belieben würzen. Mit Balsamico Essig und Olivenöl marinieren, kurz durchziehen lassen. Den Salat auf den vorbereiteten Tellern anrichten.

Aloe-Rucolasalat mit Pilzen

Zutaten für 4 Portionen

300 g Aloeblatt
300 g frische Champignon
150 g Zwiebel
1/2 Bund Petersilie
150 g Rucola
150 g Ackersalat
eine Prise Salz
Pfeffer aus der Mühle
2 Esslöffel Balsamico Essig
2 Esslöffel Olivenöl
1 Esslöffel Sonnenblumenöl

Das Aloe Vera Blatt filetieren (schälen) und das Mark in kleine Stücke schneiden. Die Champignons mit einem Pinsel reinigen und in Stücke schneiden. Die Zwiebel schälen und in feine Würfel schneiden. Die Petersilie waschen und hacken. Rucola und Ackersalat sanft waschen und kurz schleudern (Salatschleuder).

Zwiebelwürfel goldgelb in Sonnenblumenöl rösten. Die Champignonscheiben mitrösten. Die Aloe Vera Stücke nur kurz mit der gehackten Petersilie dazugeben. Mit Pfeffer, Salz und Balsamico Essig den Salat würzen und mit Olivenöl beträufeln. Die abgekühlten Zwiebelwürfel, Pilze und Aloe Stücke über den Salat geben. Den Salat frisch zubereitet servieren.

Salat mit Aloe und Orange

Zutaten für 4 Portionen

200 g Chicoree
100 g Radicchio
2 Orangen
400 g Aloeblatt
1/2 Zitrone (Saft)
1 Esslöffel Orangenlikör
100 g Sauerrahm
eine Prise Salz
Pfeffer aus der Pfeffermühle
2 Tropfen Sojasoße

Das Aloeblatt schälen und das Mark in feine Stücke schneiden. Die Orangen schälen und in gefällige Stücke schneiden. Die Salate waschen und schneiden.

Die Aloe Stücke und Orangenstücke mit Sauerrahm, Zitrone, Salz, Pfeffer, Sojasoße und Orangenlikör anmachen. Die so zubereiteten Aloe- und Orangenstücke auf den Salatblättern servieren.

Serbische Aloesuppe mit roten Bohnen

Zutaten für 4 Portionen

300 g Aloeblattmark
100 g getrocknete rote Bohnen
2 mittelgroße Zwiebeln
1 mittelgroße Möhre
100 g Knollensellerie
1 rote Paprikaschote
4 Knoblauchzehen
1 Peperoni
1 l Gemüsebrühe
2 Esslöffel Sonnenblumenöl
Petersilie, Liebstöckel und Salz zum Abschmecken

Die Bohnen mit reichlich Wasser mindestens einen Tag einweichen lassen. Das Einweichwasser mehrmals wechseln. Die Bohnen in einem Sieb abtropfen lassen. Das Einweichwasser wegschütten. Das Aloe Vera Blatt filetieren und das Mark in Würfel schneiden. Alle anderen Gemüse waschen und in gefällige Stücke schneiden.

Die Zwiebel mit dem Öl in einem Topf hellbraun rösten. Die Gemüsebrühe mit den Bohnen dazugeben und etwa eine Stunde bei kleiner Flamme kochen. Die restlichen Gemüse dazugeben und nochmals zirka 15 Minuten weiterkochen. Erst zum Schluss das Aloe Vera Blattmark und die Kräuter dazugeben und abschmecken.

Tipp Servieren Sie die Suppe mit Aloebrot.

Aloe Gazpacho

Zutaten für 4 Portionen

400 g Aloeblatt
1 kg Tomaten
1 Möhre
1 Paprikaschote rot
1 Zwiebel
2 Knoblauchzehen
1/2 Bund Petersilie
1/2 Bund Basilikum
1/2 l kalte Gemüsebrühe
1/2 Zitrone
etwas Salz
Pfeffer
2 Esslöffel Olivenöl

Die Hälfte der Tomaten häuten, halbieren und entkernen. Das Aloeblatt und die Möhre schälen und zerkleinern. Die Paprika waschen und entkernen. Zwiebel und Knoblauch schälen, die Kräuter waschen und fein hacken. Die Zitrone auspressen. Die Gemüsebrühe aufkochen und abkühlen lassen. Die restlichen Tomaten würfeln.

Das Aloe Vera Mark, die geschälten Tomaten, die Gemüse und Kräuter nacheinander im Mixer pürieren, das Öl und die kalte Gemüsebrühe dazugeben, mit Zitronensaft, einer Prise Salz und frisch gemahlenem Pfeffer würzen.

Tipp Garnieren Sie die Gazpacho mit ein paar Tomatenwürfeln, kleinen Aloestückchen und einem Basilikumblatt. Dazu Weißbrot servieren.

Aloe-Kürbissuppe

Zutaten für vier Portionen

1 Aloe Vera Blatt klein
(oder ca. 200 g Blattgel)
Hokkaido Kürbis klein
(ca. 400 g)
200 g Zwiebeln
150 g Karotten
150 g Selleriewurzel
100 g Petersilienwurzel
1 Bund Petersilie
1 Lorbeerblatt
2 Nelken
Salz, Pfeffer
3/4 l Gemüsebrühe
2 Teelöffel Sonnenblumenöl

Das Aloe Vera Blatt schälen und in Stücke schneiden. Den Kürbis waschen und entkernen. Die Wurzelgemüse mit einer Bürste reinigen und in Stücke schneiden. Die Zwiebel schälen und alles in haselnussgroße Stücke schneiden .

Die Zwiebelwürfel hellbraun in Sonnenblumenöl anbraten, dann kurz die Wurzelgemüse mitbraten, mit Gemüsebrühe auffüllen und den Kürbis dazugeben. Das Lorbeerblatt und die Nelken hinzufügen und alles etwa 15 Minuten bei kleiner Flamme garen.

Vor dem Servieren die Aloe Stückchen dazugeben und die Suppe mit Salz und Pfeffer abschmecken.

Tipp Dazu passt gut ein herzhaftes Bauernbrot.

Aloesuppe »Saigon«

Zutaten für 4 Portionen
400 g Aloe Vera Blattmark
1/4 frische Ananas
200 g frische Champignons
1 rote Paprikaschote
1 scharfe Peperoni
20 g getrockneter Kombu (jap. Meeresgemüse)
1,5 l Gemüsebrühe
etwas Meersalz
2 Teelöffel Reisessig (oder Apfelessig)
1 Esslöffel Tapiokamehl (als Ersatz ist auch Maisstärke geeignet)
einige Tropfen Sojasoße

Das Aloe Vera Blattmark in Stücke schneiden. Die Ananas schälen, den harten Mittelteil herausschneiden, den Rest in Stücke schneiden. Die Pilze reinigen und vierteln.

Von der Paprikaschote die Kerne und den Stielansatz entfernen. Das Kombublatt mindesten eine Stunde einweichen lassen, danach gut reinigen und in feine Streifen schneiden.

Die Gemüsebrühe aufkochen, die Kombustreifen etwa 15 Minuten mitkochen. Mit dem Tapiokamehl abbinden, mit der Sojasoße, dem Essig und nach Belieben mit der Peperoni würzen. Erst jetzt die restlichen Zutaten hineingeben und nur kurz und bissfest garen.

Fruchtkaltschale mit Aloe Vera

Zutaten für vier Portionen

300 g Aloeblatt
oder 200 g fertiges
Aloe Vera Gel
1 Mango
200 g Ananas
1/4 l trockener Weißwein
1 Orange ungespritzt

Das Aloeblatt schälen. Die Mango schälen und entkernen. Die Ananas schälen und den Mittelstrunk entfernen. Die Orangenschale in feine Streifen schneiden oder mit einer Reibe abraspeln. Das Fruchtfleisch entkernen.

Das Aloe Vera Gel mit den Früchten im Mixer fein verarbeiten und nach und nach den Wein dazugeben. Vor dem Servieren mit den Orangenstreifen und ein paar Fruchtstückchen garnieren.

Cremesuppe von der Topinamburkartoffel mit Aloe Vera und Räucherlachs

Zutaten für vier Portionen

Zwiebel
20 g Butter
500 g Tobinambur
0,1 l trockener Weißwein
0,5 l Gemüsefond
100 g Sahne
80 g Aloe Vera Blattmark
eine Prise Salz
weißer Pfeffer aus der Mühle
etwas Muskat
200 g Räucherlachs

Tobinambur waschen, schälen und in 1 cm große Würfel schneiden. Die feingehackte Zwiebel in Butter glasig dünsten, den vorbereiteten Tobinambur zugeben und weiter dünsten. Mit Weißwein ablöschen, mit dem Geflügelfond und der Sahne auffüllen. Bei leichter Hitze etwa 5 Minuten köcheln lassen, bis die Kartoffeln weich sind. Jetzt das Aloemark zugeben und mit dem Pürierstab mixen. Mit Salz, Pfeffer und frisch geriebener Muskatnuss abschmecken.

Im Suppenteller anrichten und den geschnittenen Räucherlachs als Einlage in die Suppe geben.

Tipp Mit frischen Kräutern oder Blüten garnieren und servieren.

Vorspeisen

Brote, Dips und Beilagen

Aloefilets in Dillsoße

Zutaten für 4 Portionen

600 g Aloe Vera Blattmark
1 Zitrone unbehandelt
120 g Senf mittelscharf
1 Bund Dill kleingehackt
80 g Rohzucker
1 Prise Salz

Das Aloe Blattmark in heißem Wasser kurz blanchieren, mit dem Saft einer halben Zitrone und etwas Salz würzen, eine halbe Stunde ziehen lassen.
Aus dem Senf, Dill, Zucker und dem Saft einer halben Zitrone eine Soße zubereiten. Die Soße über die blanchierten Aloefilets geben. Anschließend die Filets mit einigen Streifen der unbehandelten Zitronenschale und Dill garnieren.
Dazu servieren Sie Salzkartoffeln in Butter geschwenkt mit etwas Kräutersalz gewürzt.

Vietnamesische Aloe-Glücksrollen

Zutaten für 4 Portionen

150 g Tofu
1 Esslöffel Sojasoße
1 Esslöffel Zitronensaft
2 Esslöffel Sesamöl
300 g Aloe Vera Blattmark
100 g weißer Rettich
1 rote Paprikaschote
150 g Sojasprossen oder Mungbohnensprossen
1 Bund Kräuter bestehend aus Petersilie, Korianderkraut, Rucola
16 Blätter Reispapier mit 22 cm Durchmesser

Tofu mit Küchenkrepp trocken tupfen. Mit Sojasoße und Zitronensaft würzen und goldgelb ausbacken. Anschließend abkühlen lassen und in feine Streifen schneiden.
Das Aloe Vera Mark kurz blanchieren und in feine Streifen schneiden. Den Rettich und die Paprika in feine Streifen schneiden. Die Kräuter abzupfen, waschen und grob hacken.
Eine große flache Schüssel mit kaltem Wasser füllen. Ein Reisblatt darin kurz einweichen. Anschließend das Reisblatt auf einem Tuch ausbreiten. Portionsweise mit den Gemüsen und dem Tofu etwa fingerlang belegen. Die Seiten des Blattes einschlagen und fest, aber sehr vorsichtig einrollen.

Tipp Servieren Sie die Röllchen mit einer scharfen Soße.

Aloefilets mariniert nach Hausfrauen Art

Zutaten für 4 Portionen
400 g Aloe Vera Blatt
dies ergibt etwa 200 g Blattmark

Zutaten für die Marinade
2 Äpfel
1 mittelgroße Zwiebel
150 g Schmand
1 Esslöffel Zitronensaft
1 Spritzer Worchestersoße
1 Prise Salz

Zutaten für die Beilage
800 g Kartoffeln
1 Bund Petersilie
100 g Butter
1/2 Teelöffel Salz

Das Aloe Vera Blatt filetieren und in Scheiben schneiden. Die Scheiben mit Zitronensaft und Worchester beträufeln, salzen und zehn Minuten ziehen lassen.

Die Äpfel schälen, das Kerngehäuse entfernen und die Äpfel in feine Scheiben schneiden. Den von den Aloe Vera Stückchen entstandenen Saft dazugeben.

Die Zwiebel schälen, in Streifen schneiden, den Apfel-Aloesaft und den Schmand hinzufügen, alles mischen und mit einer Prise Salz abschmecken. Die Marinade über die angerichteten Aloescheiben geben.

Inzwischen die Kartoffeln schälen und in Salzwasser kochen. Danach mit gehackter Petersilie in Butter anschwenken und als Beilage zu den marinierten Aloescheiben servieren.

Bärlauch-Aloe-Frischkäse auf Gurkencarpaccio mit Tomatenvinaigrette

Zutaten für 4 Portionen

Für den Bärlauch-Aloe-Frischkäse

300 g Magerquark
80 g frische Aloe Vera
1 Bund frischer Bärlauch
1 Salatgurke

Für das Dressing

2 geschälte Tomaten
30 ml Olivenöl
20 ml weißer Balsamico Essig
Saft von 1 Limone

Salz, Pfeffer, Paprika

Den Magerquark mit einem Schneebesen glattrühren, das fein gehackte Aloemark und den geschnittenen Bärlauch zugeben. Mit Salz, Pfeffer und Paprika würzen und kühl stellen.

Olivenöl, Balsamico Essig und Limonensaft zu einem Dressing verrühren, mit Salz und Pfeffer abschmecken.

Das Fleisch der einen Tomate in feine Würfel schneiden, die andere Tomate pürieren und beides mit der Hälfte des Dressings mischen.

Die Salatgurke waschen und in dünne Scheiben schneiden. Auf einem Teller kreisförmig anrichten. Die Gurkenscheiben mit dem restlichen Dressing bepinseln. In der Mitte des Tellers den vorbereiteten Aloe Quark anrichten. Das Tomatendressing gleichmäßig am Tellerrand verteilen und mit frischen Bärlauchblättern garnieren

Aloestrudel

Zutaten für 4 Portionen

Für den Teig

300 g Weizen
eine Prise Salz
1 Ei
1 Eigelb
125 g Crème fraîche
80 g Butter

Zum Bestreichen

2 Eigelb und 4 Esslöffel süße Sahne

Für die Füllung

200 g Aloe Vera Blattmark
100 g Adzukibohnenkeimlinge
1 Karotte
50 g Rosinen
500 g Magerquark
4 Eier
etwas Meersalz

Den Weizen fein mahlen und mit dem Salz auf ein Backbrett sieben, in der Mitte eine Mulde drücken. Die Crème fraîche, das Ei und das Eigelb dazugeben. Die Butter in kleinen Stücken auf den Rand setzen. Mit dem Messer alles zerhacken und von außen nach innen zu einem glatten Teig verarbeiten. In Frischhaltefolie eingewickelt für 3 Stunden im Kühlschrank ruhen lassen.

Das Aloe Vera Blattmark und die Karotte in Streifen schneiden. Mit den Bohnenkeimlingen zusammen kurz in kochendem Wasser blanchieren, abtropfen lassen.
Den Quark in einer Schüssel glatt rühren und nacheinander die Eier unterrühren. Das blanchierte Gemüse und die Rosinen darunter heben. Mit Salz würzen.

Den Teig so dünn wie möglich ausrollen, mit der Quarkmasse bestreichen und aufrollen. Mit der Ei-Sahne-Mischung bestreichen. Im vorgeheiztem Backofen (200 °C) zwanzig Minuten ausbacken.

Aloe Sushi

Zutaten für 4 Portionen

350 g Aloe Vera Blatt
100 ml Sojasoße
150 g Sushi Reis
250 ml Wasser
2 Esslöffel Reisessig
(oder Apfelessig)
eine Prise Salz
3 Noriblätter (japanisches
Meeresgemüse)
1 Paprika rot
1 Bund Dill

Vorbereitung Den Reis kurz aufkochen, dann 15 Minuten bei kleiner Flamme zugedeckt garen lassen. Den Reisessig mit Salz erhitzen, unter den fertigen Reis geben und alles abkühlen lassen. Das Aloeblatt filetieren, das Aloe Vera Blattmark in lange Streifen schneiden und in Sojasoße einlegen. Die Paprika in Streifen schneiden.

Zubereitung Die Noriblätter auf ein Küchentuch legen (oder auf eine spezielle Bambusmatte), den Reis auf den Blättern verteilen. Dabei einen Rand von etwa 3 cm lassen, damit beim Einrollen der Blätter der Reis nicht herausquillt.

Nun die marinierten Aloestreifen darauf legen, mit Dill und den feinen Paprikastreifen belegen. Mit Hilfe des Küchentuches (oder der Bambusmatte) die belegten Nori-Blätter einrollen.

Die eingerollten Blätter in etwa 4 cm breite Stücke schneiden und diese auf einer Platte anrichten.

Tipp Hierzu wird Sojasoße und frisch geriebener Ingwer gereicht.

Zucchini mit Aloefüllung

Zutaten für 4 Portionen
4 mittelgroße Zucchini
200 g Aloe Vera Blattmark
2 Frühlingszwiebel
200 g Stockschwämmchen
1 Esslöffel gehackte Petersilie
2 Esslöffel Sonnenblumenöl
eine Prise Kräutersalz
schwarzer Pfeffer aus der Pfeffermühle
150 g Emmentaler Käse gerieben
1 Liebstöckelblatt zum Garnieren

Die Zucchini waschen, der Länge nach halbieren und kurz in siedendem Wasser blanchieren. Die Kerne mit etwas Fruchtfleisch herausschaben. Die Zucchinihälften etwas salzen, mit der Schnittfläche nach unten auf ein Küchenkrepp legen und abtropfen lassen.

Das Aloe Vera Blattmark in kleine Würfel schneiden. Die Pilze putzen und wenn nötig waschen. Die Zwiebeln waschen und in feine Scheiben schneiden. Backofen auf 200 °C vorheizen.

Die Zwiebeln in einer Pfanne mit Sonnenblumenöl goldgelb anbraten. Die Stockschwämmchen kurz mitbraten, dann die Aloe Vera Würfel und die gehackte Petersilie dazugeben. Mit Kräutersalz und Pfeffer würzen. Die Pfanne schwenken oder umrühren. Die Masse in die Zucchinihälfen füllen. Auf eine Auflaufform legen, den Käse darübergeben und etwa 20 Minuten auf der Mittelschiene des Backofens garen.

Mit Liebstöckel garniert servieren.

Tipp Statt Stockschwämmchen können Sie auch andere Speisepilze verwenden.

Gegrilltes Gemüse mit Aloe-Vera-Quark

Zutaten für 4 Portionen

200 g Aloeblatt
1/2 Salatgurke ungespritzt
2 Knoblauchzehen
250 g Speisequark
1/2 Esslöffel Zitronensaft
2 Esslöffel Olivenöl
eine Prise Salz,
Pfeffer aus der Mühle
200 g Aubergine
200 g Zucchini
4 Frühlingszwiebeln
1 Paprika rot
1 Paprika gelb
1 Pastinake
4–8 frische Champignons
(oder andere Gemüse der Saison)
Weißbrot

Das Aloeblatt schälen, das innere Mark in kleine Stücke schneiden, die unbehandelte Salatgurke mit Schale in feine Stifte schneiden. Die Knoblauchzehen schälen und zerdrücken. Alles zusammen in den Quark rühren und mit Zitrone, einer Prise Salz, Olivenöl und Pfeffer würzen.

Das Gemüse in Scheiben schneiden, bei mittlerer Temperatur auf dem Grill bissfest braten. Das bunte Gemüse zusammen mit dem Aloequark auf einem Teller anrichten und mit Weißbrot servieren.

Aloetortilla mit grünem Spargel

Zutaten für 4 Portionen

500 g grüner Spargel
300 g Aloe Vera Blattmark
1 mittelgroße Zwiebel
1 große Kartoffel ca. 200 g
2 Esslöffel Sonnenblumenöl
8 Eier
Meersalz
Pfeffer aus der Pfeffermühle
2 Esslöffel Butter

Aloe Vera Mark in Scheiben schneiden und den Schleim warm abwaschen, abtropfen lassen.

Den Spargel waschen, den holzigen Teil abschneiden, in Stücke schneiden. Die Kartoffel schälen und in feine Scheiben schneiden. Die Zwiebel schälen und in Würfel schneiden.

Die Zwiebel, die Kartoffel und den Spargel mit dem Sonnenblumenöl unter ständigem Rühren in einer großen Pfanne anbraten. Mit einem passenden Deckel abdecken und 10 Minuten bei kleiner Flamme bissfest garen. Die Aloe Vera dazugeben, mit Salz und Pfeffer würzen.

Die Eier mit etwas Salz in einer Schüssel mit dem Schneebesen gut verquirlen. Bei kleiner Flamme über das Gemüse geben, rühren bis das Ei zu stocken beginnt. Zugedeckt durchziehen lassen, bis das Ei auf der Oberfläche fest wird. Nun wenden und mit der Butter goldgelb ausbacken.

Tipp Mit einigen Kräutern garnieren und servieren.

Aloe-Radieschengemüse

Zutaten für 4 Portionen

2-3 Bund Radieschen
(nach Größe)
400 g Aloe Vera Blattmark
2 Esslöffel Butter
eine Prise Meersalz
Pfeffer aus der Pfeffermühle
2 Esslöffel Balsamico Essig

Die älteren Blätter und die Wurzelspitze von den Radieschen entfernen, die Radieschen waschen und vierteln. Das Aloe Vera Blattmark in etwa gleich große Stücke schneiden. Die Butter in einer Pfanne erhitzen. Die Radieschen dazugeben und bei kleiner Flamme zugedeckt 5 Minuten dünsten. Die Aloestückchen dazugeben. Mit Balsamico, Pfeffer und Salz würzen.

Tipp Zu diesem Blitzgericht kann man gut herzhaftes Bauernbrot servieren. Es eignet sich auch hervorragend als Beilage zu Hauptgerichten.

GERMANY

Mit Aloe gefülltes Gemüse

Zutaten für 4 Portionen

320 g Aloe Vera Blattmark
4 mittelgroße Tomaten
4 große Champignons
1 Salatgurke
1 Zwiebel
250 g Champignons
1 Bund Kräutermischung (Petersilie, Basilikum, etwas Thymian)
100 ml Crème fraîche
2 Esslöffel Olivenöl
eine Prise Meersalz
150 g geriebener mittelalter Gouda
50 g geriebener Parmesan
1 Bund Schnittlauch

Das Aloe Vera Blattmark in Würfel schneiden. Die Tomaten von der Stielseite her aushöhlen. Von den großen Champignons die Stiele entfernen. Die Salatgurke in etwa 4 cm lange Stücke schneiden. Die Gurkenstücke von einer Seite und die Champignons etwa 2/3 tief aushöhlen. Salatgurken aus konventionellen Anbau sollten Sie schälen. Biogurken brauchen Sie nur warm abzuwaschen.
Die restlichen Champignons und die Stiele in Würfel schneiden. Die Zwiebel schälen und in Würfel schneiden. Die Kräuter waschen und fein hacken. Den Gouda mit dem Parmesan mischen. Den Backofen auf 200° C vorheizen.

Zwiebel und Champignonwürfel mit dem Öl in einer Pfanne goldgelb rösten. Das Aloe Vera Blattmark und die gehackten Kräuter dazugeben. Einmal umrühren, dann die Crème fraîche hinzufügen, mit Meersalz abschmecken. Die Masse in die ausgehöhlten Gemüse füllen und in eine Auflaufform setzen. Mit dem geriebenen Käse bedeckt etwa 15 Minuten im Backofen fertig garen.

Tipp Mit gehacktem Schnittlauch garnieren und servieren.

Grundrezept

Alobi Brotaufstrich

Zutaten für ca. 500 g

200 g geschälte Sonnenblumenkerne
180 g Sonnenblumenöl
100 g Aloe Vera Blattmark
Saft 1/2 Zitrone
eine Prise Ascorbinsäure
eine Prise Salz

Zubereitung der Grundmasse

Die Sonnenblumenkerne in einem großen Mörser zu einem feinen Brei zermahlen. Das Sonnenblumenöl langsam unter den Kernbrei rühren.

Das Aloe Vera Blattmark mit dem Zitronensaft und der Ascorbinsäure im Mixer zu einem festen Schaum aufschlagen. Diesen Schaum langsam unter den Brei rühren, mit einer Prise Salz abschmecken.

Mit der Grundmasse lassen sich leckere saisonale Varianten herstellen.

Kräuter-Alobi

50 g gemischte Kräuter oder Kräuter der Saison (z.B. Bärlauch) fein hacken und unter die Grundmasse geben, mit frisch gemahlenem Pfeffer abschmecken und frisch servieren.

Meerrettich-Alobi

50 g frischen Meerrettich fein reiben, mit einer Prise Ascorbinsäure vermischen und unter die Grundmasse rühren.

Paprika-Alobi

100 g frische Paprika im Mixer zu feinem Mus verarbeiten und dann unter die Grundmasse geben.
Nach Belieben mit etwas scharfem Paprikagewürz abschmecken.

Aloe-Bagels mit Aloe-Avocadocreme

Zutaten für die Bagels

Brotteig
Sesamkerne
Kürbiskerne

Fertigen Sie zunächst einen Brotteig (Rezept siehe Seite 60 Aloebrot). Aus diesem Teig formen Sie kleine Ringe mit einem etwa 4 cm großen Loch in der Mitte. Diese Ringe lassen Sie 15 Minuten ruhen und geben sie dann mit einem Schaumlöffel in kochendes Wasser. Nach 30 Sekunden die Ringe wenden und nochmals auf der anderen Seite 30 Sekunden kochen lassen. Danach die Ringe aus dem Wasser nehmen und auf ein ausgebreitetes Backpapier legen, Sesam und Kürbiskerne auf die Oberflächen streuen und im vorgeheizten Backofen ca. 20 Minuten bei 190 ° goldgelb ausbacken.

Zutaten für die Aloe-Avocadocreme

2 reife Avocados
250 g Aloe Vera Blattmark
Kräutersalz und Pfeffer aus der Mühle
Saft 1/2 Zitrone
1 Teelöffel Sojasoße

Die Avocados halbieren, den Kern heraustrennen und das Fleisch mit einem Löffel herausnehmen. Das herausgelöffelte Fleisch zusammen mit dem Aloe Vera Blattmark, dem Zitronensaft und der Sojasoße im Mixer fein pürieren. Mit Salz und Pfeffer abschmecken.

Anschließend die Bagels quer halbieren und die Hälften mit der Aloe-Avocadocreme bestreichen.

Aloe-Dinkel-Brotaufstrich

Zutaten für ca. 1000 g Aufstrich

150 g Dinkel
250 g Aloe Vera Blattmark
1 Karotte
2 Äpfel
2 Zwiebeln
150 g Butter
1 Bund Kräuter aus Petersilie und Majoran
etwas Meersalz
Pfeffer aus der Mühle

Den Dinkel über Nacht in reichlich Wasser einweichen lassen. Das Einweichwasser wegschütten. Den Dinkel in frischem Wasser eine halbe Stunde kochen und für eine weitere halbe Stunde ausquellen lassen, dann abschütten und gründlich abtropfen lassen.

Die Zwiebel in feinste Streifen (Julienne) schneiden und in der Butter glasig dünsten. Von den Äpfeln das Kerngehäuse herausnehmen, die Äpfel achteln und mit der kleingeschnittenen Karotte zu den Zwiebeln geben. Die Kräuter abzupfen, kleinhacken und ebenfalls dazugeben. Das Aloe Vera Blattmark in Stücke schneiden und mit allem zusammen in der Pfanne kurz erwärmen. Auch den Dinkel dazugeben, umrühren und abkühlen lassen. Die abgekühlte Masse durch den Fleischwolf drehen oder im Mixer pürieren.

Den fertigen Aufstrich mit Salz und Pfeffer abschmecken. Nach Belieben Knoblauch hinzugeben.

Aloe-Kürbiscreme

Zutaten für 4 Portionen

400 g Hokkaido-Kürbis oder Muskatkürbis
200 g Aloe Vera Blattmark
3 Knoblauchzehen
1 Zwiebel
1 grüne Peperoni
2 Tomaten
6 Esslöffel Olivenöl
Saft einer halben Zitrone
1 Bund Petersilie
Salz und Pfeffer aus der Mühle

Den Kürbis schälen, entkernen und in Würfel schneiden. Das Aloe Vera Blattmark in kleine Stücke schneiden. Knoblauch schälen und mit einer Prise Salz zerdrücken. Zwiebel schälen und fein hacken. Peperoni entkernen und klein hacken. Die Tomaten kurz in kochendem Wasser blanchieren, häuten, entkernen und in feine Würfel schneiden.

Das Öl in einer Pfanne erhitzen, die Zwiebelwürfel darin glasig rösten. Die Kürbis-, Peperoni- und Tomatenwürfel sowie den Knoblauch und den Zitronensaft dazugeben. Etwa 15 Minuten zugedeckt bei schwacher Hitze garen.

Die Petersilie waschen und fein hacken, mit den Aloe Stücken mischen und unter das Gemüse geben. Nicht mehr kochen, nur kurz durchschwenken und abkühlen lassen.

Mit dem Pürierstab alles fein zerhacken, mit Salz und Pfeffer aus der Mühle abschmecken.

Die Aloe-Kürbiscreme ist im Kühlschrank 2 bis 3 Tage haltbar.

Aloe-Tofucreme

Zutaten für 4 Portionen

400 g Aloe Vera Blattmark
300 g Tofu
2 Esslöffel Orangensaft
2 Esslöffel Honig
100 g süße Sahne

Zum Anrichten

100 g Mandelplättchen

Etwa 1/3 des Aloe Vera Blattmarks in feine Würfel schneiden. Den Rest des Gels zusammen mit dem Tofu, dem Orangensaft und dem Honig im Mixer zu einem feinen Brei verarbeiten. Den Brei in einer Schüssel mit den Aloe Vera Würfeln mischen. Die Sahne steif schlagen und darunterziehen.

Die Mandelplättchen in einer trockenen Pfanne unter ständigem Rühren goldgelb rösten. Die gerösteten Mandelblättchen über die Aloe-Tofucreme streuen und die Creme servieren.

Aloe Vera-Joghurt

Zutaten für 4 Portionen

500 g Joghurt natur
200 g Aloe Vera Gel
1 Esslöffel Zitronensaft
3 Esslöffel Honig
3 Esslöffel Haferflocken
1 Esslöffel Butter

Das Aloe Vera Gel in kleine Würfel schneiden mit dem Zitronensaft beträufeln. Den Honig darunter mischen und ein paar Minuten ziehen lassen.

In der Zwischenzeit die Haferflocken unter Rühren in Butter hellbraun rösten.
Den Joghurt glatt rühren und die marinierten Aloewürfel darunter mischen

Den Joghurt portionsweise anrichten und mit den gerösteten Haferflocken garnieren.

Aloebrot mit Oliven

Zutaten für 4 kleine Brote

500 g Weizenmehl
1/2 Würfel frische Hefe
200 g Aloe Vera Blattmark
1/4 l lauwarmes Wasser
1 Teelöffel Zucker
3 Esslöffel Olivenöl
1/2 Teelöffel Salz
etwa 20 schwarze Oliven ohne Kern

Das Aloe Vera Blattmark mit Wasser, Salz, Öl, Zucker und der Hefe im Mixer zerhacken. Das Mehl mit dieser Flüssigkeit und den Oliven zu einem festen Teig kneten. Den Teig abgedeckt für eine Stunde an einem warmen Ort ruhen lassen. Den Teig nochmals kurz mit den Händen durchkneten, zu 4 gleich großen Broten formen. Die Brotlaibe mit etwas Wasser anfeuchten und nochmals für 15 Minuten ruhen lassen.

Im vorgeheizten Backofen ca. 45 Minuten bei 180 °C auf mittlerer Schiene goldbraun backen. Das Aloebrot schmeckt frisch am besten mit Butter und Schnittlauch.

Aloe-Spätzle

Zutaten für 4 Portionen

Für den Teig

250 g Weizenmehl
100 g Aloe Vera Blattmark
4 Eier
Meersalz

Zum Anschwenken

100 g Aloe Vera Blattmark
1 kleine Zwiebel
50 g Butter

Das Aloe Vera Blattmark mit den Eiern und dem Salz im Mixer zerhacken, zum Mehl geben und in einer Schüssel zu einem zähen Teig verarbeiten.

Reichlich Wasser mit Salz zum Kochen bringen. Den Teig von einem Spätzlebrett mit einem Messer in das kochende Wasser herunterschaben. Wenn die Spätzle oben schwimmen, kurz ziehen lassen und mit einem Schaumlöffel herausnehmen. In kaltem Wasser abschrecken und abtropfen lassen.

Die Zwiebel in feine Streifen (Julienne) schneiden und in der Butter goldgelb anbraten. Das in Streifen geschnittene Aloe Vera Blattmark und die trockenen Spätzle dazugeben und unter Rühren erhitzen.

Ein echter Schwabe liebt dazu Bratensoße und Kartoffelsalat.

Aloe-Pizza »Rex«

Zutaten für 4 Portionen

Für den Teig

500 g Mehl (Dinkel oder Weizen)
1 Päckchen Trockenhefe
1 Teelöffel Salz
1/4 l lauwarmes Wasser
7 Esslöffel Olivenöl

Für den Belag

1 kg reife Tomaten (oder 1 Dose Pizzatomaten)
250 g Aloe Vera Blattmark
250 g frische Champignons
1 Zwiebel
2 Knoblauchzehen
Schwarze Oliven
Kräutermischung aus Petersilie, Oregano, Basilikum, Rosmarin
Frischer Rucola
2 Esslöffel Olivenöl
Geriebener Käse (z.B. Emmentaler)
Salz und Pfeffer aus der Pfeffermühle
1 Prise gehackte Pfefferschote

Das Mehl mit Hefe und Salz in einer großen Schüssel mischen. Wasser und Öl unterkneten, bis sich der Teig vom Schüsselrand löst und Blasen bildet. Zugedeckt bei Zimmertemperatur mindestens eine Stunde ruhen lassen, das Volumen des Teiges muss sich etwa verdoppeln.

Für den Belag die Tomaten abziehen. Hierfür die Tomaten kurz in kochendes Wasser tauchen und dann mit kaltem Wasser abschrecken. Die Kerne und den Stielansatz entfernen. Das Tomatenfleisch in kleine Würfel schneiden. Ein paar Tomatenscheiben für den Belag aufheben.

Das Aloe Vera Blattmark vorbereiten und in Streifen schneiden. Zwiebel und Knoblauch schälen und in feine Würfel schneiden. Die Kräutermischung waschen und fein hacken. Den Backofen auf 240 °C vorheizen

Die Zwiebelwürfel und den Knoblauch mit dem Olivenöl goldgelb anbraten. Die Tomatenwürfel dazugeben und etwa 5 Minuten mitrösten. Die gehackten Kräuter dazugeben und mit Salz und Pfeffer abschmecken.

Den Teig nochmals auf etwas Mehl kräftig durchkneten und in vier gleich große Teile schneiden. Zu runden Fladen von etwa 33 cm Durchmesser ausrollen. Die Fladen mit der Tomatenmasse bestreichen und mit dem Aloe Vera Gel, den Oliven und Pilzen belegen. Den Käse darüber geben und bei 220° C etwa 20 Minuten ausbacken.

Tipp Mit den Rucolablättern garnieren und servieren.

Spaghetti mit Aloe-Tomatensoße

Zutaten für vier Portionen

500 g Spaghetti
1/2 Teelöffel Kurkuma
1/2 Teelöffel Salz
500 g vollreife Tomaten
1 Zwiebel
2 Knoblauchzehen
1/2 Bund Basilikum
eine Prise getrockn. Oregano
1/4 Liter Gemüsebrühe
3 Esslöffel Olivenöl
Pfeffer

Die Tomaten entkernen und in kleine Stücke schneiden. Das Aloeblatt schälen und das Mark in kleine Stücke schneiden. Die Zwiebel schälen und in feine Würfel hacken. Den geschälten Knoblauch mit einer Prise Salz zerdrücken.

Die Zwiebel in Öl goldgelb anbraten, die Tomatenstücke dazugeben und mit der Gemüsebrühe auffüllen, den Knoblauch und die Kräuter dazugeben, abschmecken und nun die Aloestücke dazugeben.

Die Spaghetti mit Kurkuma, Salz und etwas Öl aldente kochen, dann abschütten und mit dem Rest Olivenöl mischen.

Die Spaghetti mit der Aloe-Tomatensoße und nach Geschmack mit etwas geriebenem Hartkäse und frischem Basilikum servieren.

Aloe-Schupfnudeln mit Kraut

Zutaten für 4 Portionen

Für die Nudeln

200 g Aloe Vera Blattmark
2 große Kartoffeln
1 Ei
200 g Weizenmehl
eine Prise Meersalz
50 g Butter

400 g Sauerkraut
einige Wacholderbeeren
ein Lorbeerblatt
1/4 l Gemüsebrühe
100 g Aloe Vera Blattmark

Die Kartoffeln mit der Schale kochen, schälen und zerdrücken. Das Aloe Vera Blattmark mit dem Ei und dem Salz im Mixer zu Schaum verarbeiten. Diesen Schaum zu den Kartoffeln geben und so viel Mehl darunter kneten, bis eine formbare Masse entsteht. In sieben Teile schneiden, diese auf einem großen Brett mit etwas Mehl zu fingerdicken Rollen formen. Die Rollen in Stücke von etwa 3 cm Länge schneiden. Diesen Teigstückchen die endgültige Form geben, indem sie zwischen beiden Handflächen gerollt und in kochendes Salzwasser gegeben werden. Wenn sie oben schwimmen, nochmals 2 Minuten ziehen lassen und mit einem Schaumlöffel herausnehmen. In kaltes Wasser geben und abtropfen lassen. In einer antihaftbeschichteten Pfanne goldgelb mit der Butter braten.

Das Sauerkraut mit den Gewürzen in der Gemüsebrühe 30 Minuten zugedeckt kochen. Das restliche Aloe Vera Blattmark in gefällige Stückchen schneiden und zum Sauerkraut geben. Das fertige Sauerkraut mit einem Schaumlöffel herausnehmen und zu den Schupfnudeln geben. Mit den Nudeln zusammen kurz anbraten und auf Salatblättern servieren.

Aloe-Gnocchi

Zutaten für 4 Portionen

150 g Dinkelschrot
300 ml Wasser
150 g Weizenvollkornmehl
50 g Weizengrieß
2 Eier
2 Esslöffel saure Sahne
3 Esslöffel gehackte Küchenkräuter nach Wahl
etwas Salz und Pfeffer aus der Mühle
Muskatnuß
30 g Butter
300 g Aloe Vera Gel
150 g Gorgonzola
125 g süße Sahne

Dinkelschrot mit Wasser aufkochen und zugedeckt bei schwacher Hitze 20 Minuten garen lassen. Danach zugedeckt 1 Stunde quellen und auskühlen lassen.

Weizenmehl, Weizengrieß, Eier, die saure Sahne, 2 Esslöffel gehackte Küchenkräuter und die Gewürze zum Dinkelschrot geben und alles zu einem Teig kneten.

Salzwasser aufkochen. Den Teig portionsweise mit zwei Löffeln abstechen und ins Wasser geben. Das Wasser sprudelnd aufkochen lassen, bis die Gnocchi an die Oberfläche steigen.

Die Gnocchi herausnehmen, abtropfen lassen und in eine Auflaufform geben.

Aloe Vera Blattmark im Mixer klein hacken oder küchenfertiges Aloe Vera Gel verwenden.

Butter, Gorgonzola, Aloe Vera Gel und die süße Sahne in einem Topf unter Rühren erwärmen, bis der Käse geschmolzen ist. 1 Esslöffel gehackte Küchenkräuter untermischen.

Die Aloesoße über die Gnocchi geben. Im vorgeheizten Backofen (220 °C) 15 Minuten gratinieren lassen, bis die Soße leicht Farbe bekommt.

Mit Tomatensalat servieren.

Aloe-Lachsmaultaschen

Zutaten für 2 Portionen
Für den Nudelteig

250 g Mehl
2 Eier
2 Esslöffel Öl

Für die Füllung
250 g Lachs
150 g Aloe Vera
1 Scheibe Toastbrot
etwas Sahne
Salz, Pfeffer
Salzwasser zum Kochen

Mehl, Eier und Öl zu einem festen Teig zusammen kneten. Den Teig in Klarsichtfolie einwickeln und ruhen lassen (nicht in den Kühlschrank stellen).
Den Lachs, das Aloe Vera Gel und die Toastscheibe in kleine Stücke schneiden, alles mit dem Stabmixer fein pürieren. Mit Sahne, Salz und Pfeffer abschmecken und kaltstellen.

Den vorbereiteten Nudelteig sehr dünn ausrollen. Mit einem runden Ausstecher den Teig zu Maultaschenhüllen ausstechen. Je einen Teelöffel von der Füllung auf die ausgestochenen Teigteile geben. Die Ränder jeweils zusammen klappen und gut andrücken.

Die fertigen Maultaschen in reichlich Salzwasser garkochen.

Aloe-Pfannkuchen

Zutaten für 12 kleine Pfannkuchen
250 g Weizenmehl
2 Teelöffel Backpulver
50 g Butter, 2 Eier
200 ml Aloe Vera Gel
200 ml Buttermilch
eine Prise Salz, 25 g Zucker
Sonnenblumenöl für die Pfanne
50 ml Aloe Vera Gel und
50 g Honig

Mehl und Backpulver in einer Schüssel mischen, in der Mitte eine Vertiefung eindrücken. Die zerlassene Butter mit den Eiern, dem Aloe Vera Gel, der Buttermilch, dem Salz und dem Zucker in die Vertiefung geben. Von der Mitte aus mit einem Schneebesen, zu einem glatten Teig verarbeiten. Etwas Sonnenblumenöl in einer Pfanne erhitzen. Zwölf kleine Pfannkuchen auf beiden Seiten goldgelb ausbacken. Den Honig mit dem Aloe Vera Gel mischen und über die Pfannkuchen geben. Anstatt Honig können Sie auch Ahornsirup verwenden

Aloe-Kartoffelklöße mit Reisstrohpilzen in Rahmsoße

Zutaten für 6 Portionen
Für die Klöße
300 g Aloe Vera Mark
1200 g rohe Kartoffeln
400 g gekochte Kartoffeln
1 Ei, 40 g Speisestärke, Salz
Muskatnuss gerieben
weißer Pfeffer aus der Mühle

Für die Soße
1 kg frische Reisstrohpilze
2 Schalotten, 100 g Butter,
1 Knoblauchzehe
2 Esslöffel Weizenmehl
1/4 l Gemüsebrühe
1/4 l Weißwein,
1/4 l süße Sahne
1 kleiner Bund Kräutermischung aus Basilikum, Petersilie, Süßdolde
1 Blatt Salbei
1 Zweigspitze Rosmarin
1 Lorbeerblatt
2 Nelken, eine Prise Meersalz
weißer Pfeffer aus der Mühle

Aloe Vera Mark würfeln und kurz blanchieren. Rohe Kartoffeln reiben, im Tuch fest auspressen. Gekochte Kartoffeln durch eine Presse drücken. Beide Teige zusammengeben. Die Stärke und das Ei einarbeiten, mit Salz, Muskat und Pfeffer würzen. Klöße formen, und dabei jeweils einige Aloe Vera Stückchen einarbeiten. Die Klöße in siedendes Wasser legen und ohne Deckel etwa 20 Minuten ziehen lassen.

Die Pilze putzen und in gefällige Stücke schneiden. Alle Kräuter waschen, abzupfen und fein hacken. Die Schalotten in feine Würfel schneiden und mit der Butter in einer tiefen Pfanne goldgelb rösten. Den Knoblauch fein hacken und mit den Pilzen dazugeben. So lange unter Rühren rösten, bis der Saft aus den Pilzen verdampft ist. Jetzt das Mehl in die Pfanne geben und aufschäumen lassen. Mit dem Weißwein ablöschen, von der Flamme nehmen, unter Rühren mit der kalten Gemüsebrühe auffüllen. Lorbeer, Nelke und gehackte Kräuter zugeben und langsam unter mehrmaligem Rühren aufkochen. Jetzt die Sahne dazugeben und mit etwas Salz und Pfeffer aus der Pfeffermühle abschmecken.

Mit den Klößen zusammen servieren

Hauptgerichte

Aloe in der Kräuterkruste

Zutaten

600 g Aloe Vera Blattmark
200 g Weißbrot gerieben
50 g Mehl
2 Esslöffel Herbes de Provence
1 Ei
Butter
Salz
Pfeffer
1 Zitrone
Sojasoße

800 g verschiedene frische Keimlinge, z.B. Kichererbsen, Mungbohnen, Sojabohnen, Radieschensamen-Keimlinge
2 Esslöffel Kräutersalz
Pfeffer

Das Aloeblattmark in gefällige Stücke schneiden und kurz in kochendem Wasser blanchieren und abtropfen lassen. Anschließend die Aloestücke mit einer Prise Salz, dem Saft einer Zitrone und ein paar Tropfen Sojasoße würzen, alles eine 1/2 Stunde ziehen lassen. Danach die Stücke mit einem Küchentuch abtupfen und in Mehl wenden. Anschließend im aufgeschlagenen Ei und im geriebenem Weißbrot-Kräutergemisch wenden. Die so vorbereiteten Markfilets in Butter goldgelb ausbacken.

Die Keimlinge in einer heißen Pfanne mit dem Sonnenblumenöl gut anschwenken und danach mit Kräutersalz und Pfeffer würzen. Anschließend die Keimlinge auf die Filetstücke legen und anrichten.

Aloe-Bohnentopf

Zutaten für vier Portionen

300 g Aloe Vera Blattmark
800 g grüne Bohnen
800 g Kartoffeln
2 frische Gemüsezwiebeln
1 l Gemüsebrühe
1 Tasse schwarze Oliven
2 Esslöffel Olivenöl
1 Bund Bohnenkraut
eine Prise Meersalz

Die Kartoffeln schälen und in gefällige Stücke schneiden. Die Bohnen waschen, falls nötig entfädeln. Die geschnittenen Zwiebeln in Olivenöl anbraten. Die Kartoffeln dazugeben und mit der Gemüsebrühe aufgießen. Nach 5 Minuten Kochzeit die Bohnen und das Bohnenkraut dazugeben. Nach weiteren 15 Minuten bei kleiner Flamme das geschnittene Aloe Vera Blattmark und die Oliven dazugeben. Mit einer Prise Salz abschmecken.

Maishähnchenbrust mit Spinat und Aloe Vera gefüllt

Zutaten für 4 Portionen

4 Stück Maishähnchenbrüste
à 180 g
100 g Spinat
50 g Aloe Vera Blattmark
1 Eigelb
1 Zehe Knoblauch
Kerbel, Dill, Basilikum,
Schittlauch
Salz, Pfeffer, Öl zum Anbraten

Spinat und Kräuter fein schneiden, mit gehacktem Aloe-Mark, Eigelb und gehacktem Knoblauch vermengen und diese Mischung gleichmäßig unter die Haut der Maishähnchenbrüste schieben.

Die Maishähnchenbrüste mit Salz und Pfeffer würzen und in einer heißen Pfanne auf der Hautseite anbraten. Im vorgeheizten Ofen bei 160 °C 5 Minuten fertig garen.

Tipp Dazu passen z.B. Spargel und Kräuterflädle.

Aloe-Pfifferlinge à la Lotte mit Kartoffelrösti

Zutaten für 4 Portionen

800 g frische Pfifferlinge
200 g Aloe Vera Blattmark
1 große Zwiebel
1 Bund Petersilie
Kräutersalz
100 ml süße Sahne
80 g Butter

Für die Rösti

1 kg große Kartoffeln
2 Eier
1 Teelöffel Salz
Saft einer halben Zitrone
2 Esslöffel Kartoffelstärke
Sonnenblumenöl

Die Pilze waschen , von Moos und Tannennadeln befreien. Das Aloe Vera Blattmark in feine Würfel schneiden. Die Zwiebel schälen und in feine Würfel schneiden. Die Petersilie gut waschen, abzupfen und fein hacken.

Die Zwiebel in der Butter glasig dünsten. Die Pilze dazugeben und bei mittlerer Hitze 5 Minuten braten. Die Aloe Vera Würfel und die Petersilie kurz mitbraten. Mit Kräutersalz würzen und mit der Sahne ablöschen. Die Flüssigkeit bei kleiner Flamme etwas reduzieren lassen.

Die Kartoffeln schälen und auf der Gemüsereibe in feine Streifen schneiden. Die Kartoffelstreifen mit dem Zitronensaft und dem Salz mischen, kurz ziehen lassen. Die Kartoffelmasse in einem Tuch gut auspressen. Den Presssaft abstehen lassen und abgießen, die abgesetzte Stärke wieder der Masse zufügen. Die Eier und die restliche Kartoffelstärke zugeben, gut mischen. Sonnenblumenöl in einer großen Pfanne erhitzen. Esslöffelweise kleine Fladen direkt in der Pfanne formen und hellbraun von beiden Seiten braten.

Aloe-Eierpfannkuchen mit roten Bohnen

Zutaten für 4 Portionen
Für die Pfankuchen
500 ml Aloe Vera Gel
200 g rote Linsen
1 grüne Peperoni
100 g Weizen frisch gemahlen
1/4 Teelöffel Meersalz, 3 Eier
Sonnenblumenöl zum Braten

Die roten Linsen im Blitzhacker staubfein zerhacken. Die Peperoni fein hacken und zu den Linsen geben. Mit dem Aloe Vera Gel, dem Weizenmehl und dem Salz zu einem Teig verarbeiten. Den Teig über Nacht ziehen lassen, mindestens aber 6 Stunden.

Die Eier unter den Teig rühren. Fett in einer Pfanne erhitzen. Jeweils 1 Schöpfkelle Teig in die Pfanne geben und 3 Minuten zugedeckt backen. Wenn sich der Kuchen von der Pfanne löst, den Pfannkuchen wenden und von der anderen Seite nochmals 2 Minuten backen. Pro Portion 2 Pfannkuchen backen.

Für die Füllung
1 Bund Frühlingszwiebel
1 Dose Rote Bohnen
2 Esslöffel Olivenöl
4 Tomaten, Salz
Scharfer Paprika
2 Esslöffel gehackte Petersilie

Die Bohnen abschütten und mit kaltem Wasser abspülen. Die Tomaten kurz in kochendem Wasser blanchieren, schälen und in Würfel schneiden. Die Frühlingszwiebel waschen, in kleine Stücke schneiden und in einer Pfanne mit Olivenöl glasig braten. Die Bohnen und die Tomaten dazugeben. Etwa 5 Minuten schmoren lassen, mit Salz, Pfeffer, Petersilie und scharfem Paprika würzen.

Anschließend die Füllung in die Aloe-Eierpfannkuchen einrollen und servieren.

Maiskuchen mit Aloe Vera

Zutaten für 4 Portionen

Für den Teig

300 g Weizen frisch gemahlen
40 g Frischhefe
280 ml Aloe Vera Gel küchenfertig
1/2 gestrichener Teelöffel Meersalz
3 Esslöffel Olivenöl

Für den Belag

300 g Aloe Vera Gel Frischblatt
4 Maiskolben oder
2 Dosen Mais
2 bis 3 Tomaten
100 g Pinienkerne
150 g geriebener Emmentaler Käse
150 g Crème fraîche
Cayennepfeffer
Fett für das Backblech

Die Hefe im Aloe Vera Gel auflösen. Zusammen mit dem Salz zum Mehl geben und zu einem Teig kneten bis sich Blasen bilden. Den Teig für mindestens 2 Stunden ruhen lassen, bis sich sein Volumen verdoppelt hat.

Das Aloe Vera Blattmark in Würfel schneiden. Die Tomaten kurz in kochendem Wasser blanchieren, abziehen und würfeln. Den Maiskolben putzen, waschen und die Körner abschneiden, mit Aloe, Pinienkernen und Tomatenwürfeln mischen. Die Crème fraîche und den Käse dazugeben. Mit Salz und Cayennepfeffer würzen.

Den Teig auf ein gefettetes Backblech steichen und die Gemüsemischung darauf verteilen. Bei 180 Grad im Backofen 40 Minuten backen. Etwas abkühlen lassen, in Stücke schneiden und mit Salat servieren.

Aloe–Bulgur

Zutaten für 4 Portionen

300 g Aloe Vera Blattmark
200 g Bulgur
1/2 l Gemüsebrühe
2 Esslöffel Weißweinessig
2 Esslöffel Olivenöl
1 gelbe Paprikaschote
1 Bund Petersilie
etwas Salz
ein paar frische Minzeblätter

Den Bulgur in die kochende Gemüsebrühe geben, kurz aufkochen lassen, abkühlen und ausquellen lassen. Das Aloe Vera Blattmark würfeln und in den noch warmen Bulgur einrühren. Die Paprikaschote waschen, die Kerne und den Stielansatz entfernen, in kleine Würfel schneiden. Die Paprikawürfel und die gehackte Petersilie in den kalten Bulgur geben. Mit Essig, Öl und Salz abschmecken.

Tipp Mit ein paar Minzeblättern garnieren und servieren.

Aloe Vera Gel mit chinesischen Pilzen und Gemüse

Zutaten für 4 Portionen

400 g Aloe Vera Blattmark
150 g Champignon
1 Zwiebel
15 g getrocknete Mu Er Pilze
150 g frische Shiitake Pilze
150 g Karotten
150 g Blumenkohlröschen
1 rote Paprika
150 g Brokkoli
1/4 l Gemüsebrühe
50 ml Sojasoße
1/2 Peperoni scharf
1 Teelöffel Apfelessig
1 Esslöffel Tapiokamehl
oder Maisstärke

Die Mu Er Pilze in 1/4 l Wasser mehrere Stunden einweichen lassen, dann in Stücke schneiden und die harten Pilzteile entfernen, die verwendeten Pilzteile im Einweichwasser mit der Gemüsebrühe und der Sojasoße 20 Minuten kochen, danach alles mit dem Tapiokamehl abbinden und mit Apfelessig und Pepperoni abschmecken.

Das kleingeschnittene Gemüse und die Shiitake Pilze und die Champignons im Wok kurz garen, das Aloe Blattmark filetieren und in kleinen Stücken zum Gemüse dazugeben, anschließend mit den Mu Er Pilzen auffüllen. Mit einem Duftreis servieren.

Aloe-Kohlrabigratin

Zutaten für 4 Portionen

300 g Aloe Vera Blattmark
300 g Kohlrabi
300 g geschälte Kartoffeln
1 Zwiebel
etwas Meersalz
Pfeffer aus der Pfeffermühle
Muskatnuss
2 Knoblauchzehen
50 g geriebener Greyerzer Käse
50 g Butter
125 g Sahne
125 g Vollmilch
etwas Butter für die Form

Kohlrabi, Kartoffeln, Zwiebel und Aloe Vera Blattmark in feine Scheiben schneiden und abwechselnd schichtweise in eine ausgebutterte Auflaufform füllen. Jede Schicht würzen und mit etwas geriebenem Käse bestreuen. Zum Schluss die Sahne mit der Milch darüber geben. Mit Folie abgedeckt bei 180°C im Backofen ca. 45 Minuten garen. Die Folie herunter nehmen, das Gratin mit Butterflocken bedecken und noch einmal bei 220 °C 15 Minuten überbacken.

Gefüllte Crepes

Zutaten für 4 Portionen

Für den Teig

120 g Weizenmehl
3 Eier
1 Prise Salz
1/4 l Milch
30 g zerlassene Butter
etwas Sonnenblumenöl oder Butter für die Pfanne

Für die Füllung

500 g verschiedene Gemüse der Saison
eine Prise Salz
etwas schwarzer Pfeffer aus der Pfeffermühle
1 Bd. gemischte Kräuter

Die Zutaten im Mixer verarbeiten und eine 1/2 Std. ziehen lassen. In einer beschichteten Pfanne 8 Crepes goldgelb ausbacken und warmstellen.

Das Aloeblatt filetieren und das Mark in kleine Stücke schneiden. Das Gemüse waschen und in gefällige Stücke schneiden. Die Kräuter waschen und hacken. Die Zwiebel goldgelb anschwenken, das Gemüse dazugeben und bissfest rösten. Dann die Aloe Vera Stücke dazugeben, abschmecken und in den Crepes eingewickelt servieren.

Aloe in Papayarahm mit Bandnudeln

Zutaten für 4 Portionen

200 g Aloe Vera Blattmark
1 reife Papaya
1 Schalotte
1 Esslöffel Butter
1/8 l trockener Weißwein
1 Esslöffel Weinbrand
300 g süße Sahne
Salz
Pfeffer aus der Mühle
400 g Bandnudeln

Aloe Vera Blattmark in Würfel schneiden und mit dem Weinbrand in der Sahne einige Minuten ziehen lassen. Die geschälte Schalotte in feine Würfel schneiden und in der Butter glasig braten. Die Papaya schälen, in Stücke schneiden und mitsamt den Kernen zu den Schalottenwürfel in die Pfanne geben. Bei schwacher Hitze ein paar Minuten miträsten, dann mit dem Weißwein ablöschen. Etwas einreduzieren lassen, dann die Aloe Vera Sahne dazugeben, nicht mehr kochen lassen.

Nudeln in reichlich Salzwasser bissfest kochen, abgießen. Sofort mit der Soße anrichten und servieren.

Omelette mit Aloe und Bärlauch

Zutaten für 2 Portionen

250 g Aloe Vera Blattmark
1 Bund frischer Bärlauch
1 Frühlingszwiebel
4 Eier
2 Esslöffel Sonnenblumenöl
1 Esslöffel Butter
Kräutersalz
Pfeffer aus der Mühle

Das Aloe Vera Blattmark in kleine Würfel schneiden. Die Zwiebel in feine Scheiben schneiden. Die Eier mit dem Schneebesen verquirlen. Den Bärlauch waschen, hacken und zu den Eier geben

Die Zwiebel mit dem Öl kurz anbraten, die Aloewürfel dazugeben und umrühren. Nun das Ei-Bärlauchgemisch darüber geben. Bei kleiner Flamme garen, ohne zu rühren. Sobald das Ei an der Oberfläche gestockt ist vom Pfannenrand lösen und mit dem Pfannenmesser zusammenklappen. Erst jetzt mit einer Prise Kräutersalz und etwas Pfeffer würzen.

Vor dem Servieren nochmals gehackten Bärlauch darüber geben. Dazu passt Weißbrot ganz ausgezeichnet.

Aloe–Bratlinge

Zutaten für 4 Portionen

200 g Aloe Vera Blattmark
200 g Weizenkörner
1 Zwiebel
1 Karotte
1 Teelöffel Kräutermischung
1 Ei
eine Prise Kräutersalz
Pfeffer aus der Mühle
Sonnenblumenöl zum Braten

Die Weizenkörner mit reichlich Wasser für einen Tag einweichen das Wasser zweimal wechseln. Die Körner abschütten und bei Zimmertemperatur, zugedeckt zwei Tage stehen lassen. In dieser Zeit, täglich einmal wässern, bis sich kleine Triebe zeigen. Die so gekeimten Weizenkörner in einem Mörser zerstampfen

Die Zwiebel schälen und in feine Julienne schneiden. Mit der feingeschnittenen Karotte ohne Fett in einer Pfanne anbraten. Das Aloe Vera Blattmark dazugeben und abkühlen lassen. Diese Mischung mit den Kräutern und dem Ei klein hacken und zu dem zerstampften Weizen geben. Nochmals gut durchstampfen. Mit Salz und Pfeffer abschmecken. Diese Masse zu kleinen Bratlingen formen und mit Sonnenblumenöl knusprig braten.

Tipp Servieren Sie das Gericht mit verschiedenen Dips.

Stangenspargel mit Alodaise

Zutaten für 4 Portionen

1500 g frischer Spargel
200 g Aloe Vera Gel
250 g Butter
3 Eigelb
1 Teelöffel Weißweinessig
1 Esslöffel Traubenkernöl mit schwarzem Trüffel
5 Tropfen Worcestershire
5 Tropfen Zitronensaft
eine Prise Meersalz
eine Prise Zucker
gehackter schwarzer Trüffel

Beilage

Salzkartoffeln und Rucola

Den Spargel schälen, die Enden abschneiden und waschen. Das Aloe Vera Blattmark mit dem Zitronensaft im Mixer zu Schaum verarbeiten. Die Kartoffeln schälen und im Salzwasser kochen. Rucola waschen.
200 g Butter zergehen lassen und warm stellen.

Den Spargel in kochendes Salzwasser legen, eine Prise Zucker und etwa 50 g Butter dazugeben und bei kleinster Hitze etwa 15 Minuten gar ziehen lassen. Sobald der Spargel glasig aussieht , ist er fertig, niemals weichkochen.

In der Zwischenzeit geben Sie das Aloe Vera Gel in eine runde Metallschüssel, das Eigelb und den Essig dazugeben und in einem kochenden Wasserbad bis zur Blume aufschlagen. Sofort aus dem Bad nehmen. Das Ei darf nicht gerinnen. Solange schlagen, bis die Masse abgekühlt ist. Nun die flüssige und leicht warme Butter langsam unterrühren. Zum Schluss mit etwas Salz, dem Worcestershire und dem Traubenkernöl würzen.
Den Spargel gefällig anrichten, mit der Alodaise übergießen und mit dem gehackten Trüffel garnieren. Dazu reichen Sie Salzkartoffeln mit Rucola gemischt.

Zur Blume aufschlagen bedeutet:
die Fingerkuppe des Zeigefingers kurz in die Masse eintauchen. Die Masse auf dem Finger sanft anblasen. Bleibt die Zeichnung einer Blume auf Ihrem Finger stehen, haben Sie die richtige Konsistenz.

Aloe-Chutney mit Süßkartoffeln

Zutaten

800 g Süßkartoffeln
300 g Aloe Vera Blattmark
1 reife Mango
1 Zwiebel, 50 g Butter
4 Esslöffel Reisessig
(oder Obstessig)
2 Esslöffel Honig
20 g frischer Ingwer
etwas Salz
2 Paprikaschoten
Kräuter zum Garnieren

Die Süßkartoffeln schälen und 15 Minuten in Wasser dämpfen. Das Aloe Vera Blattmark in Stücke schneiden. Die Mango schälen, das Fleisch vom Kern schneiden. Den Ingwer schälen und in dünne Scheiben schneiden. Die Zwiebel schälen, achteln und in der Butter dünsten. Den Ingwer, die Mango, den Essig und den Honig dazugeben. Bei kleiner Flamme unter mehrmaligem Umrühren etwas einreduzieren lassen, nun die Aloe Vera dazugeben und nochmals aufkochen. Die paprika waschen, jeweils in drei Stücke schneiden und das Chutney darauf anrichten.

Tipp Mit den Süßkartoffeln servieren. In Indien wird dazu Reis gegessen.

Aloegeschnetzeltes

Zutaten für 4 Portionen

1 kg Kartoffeln
400 g Aloe Vera Blattmark
300 g Sojabrocken
oder Tofu
2 kleine Zwiebeln
1 Paprikaschote
1 Karotte
150 g Sellerieknolle
100 g Butter
1 Esslöffel Mehl
1/2 l Bratensoße
etwas Kräutersalz
Pfeffer aus der Pfeffermühle
4 Esslöffel Sonnenblumenöl

Die Kartoffeln schälen, in große Würfel schneiden und mit dem Öl in einer antihaft-beschichteten Pfanne knusprig braun rösten. Mit Salz und Pfeffer aus der Pfeffermühle würzen, je nach Geschmack auch Paprika verwenden.

Die Zwiebeln schälen und das Gemüse waschen, alles in Würfel schneiden und in der Butter anbraten. Mit den Mehl bestäuben und aufschäumen lassen. Die Sojastücke dazugeben und mit der Bratensoße auffüllen. 10 Minuten bei kleiner Flamme köcheln lassen. Die Aloe Vera in Stücke schneiden und der fertigen Soße zugeben. Nach Belieben mit Salz und Pfeffer abschmecken.

Das Geschnetzelte mit den Kartoffeln anrichten und mit ein paar Gurkenstücken garnieren.

Staudensellerie mit Aloe-Béarnaise

Zutaten für 4 Portionen

2 Staudensellerie
1/2 Zitrone
200 g Aloe Vera Blattmark oder fertiges Aloe Vera Gel
4 Eigelb
250 g Butter
1 Schalotte
2 Esslöffel gehackter französischer Estragon
1 Esslöffel gehacktes Kerbelkraut
1 Teelöffel Balsamico-Estragon Essig
1 Esslöffel Traubenkernöl mit Knoblauch
1/2 Teelöffel lösliche Bratensoße (Pulver)
eine Prise Kräutersalz
weißer Pfeffer aus der Pfeffermühle

Die älteren Blätter und äußersten Stiele vom Staudensellerie entfernen. In Salzwasser mit etwas Zitronensaft etwa 15 Minuten kochen oder 4 Minuten im Dampfkochtopf, herausnehmen und auf einem Küchenkrepp abtropfen lassen.

Das Aloe Vera Blatt filetieren und das Aloe Vera Mark im Mixer mit dem Balsamico-Estragon Essig und der löslichen Bratensoße zu Schaum aufschlagen. Die Butter bei kleiner Flamme zergehen lassen und abkühlen lassen. Das Eigelb vom Eiweiß trennen. Die Schalotte fein hacken und mit etwas Butter glasig anbraten, die gehackten Kräuter kurz mit anschwenken. Alles bis zur weiteren Verwendung warm stellen.

Den Aloe Vera Schaum mit dem Eigelb in einer Schlagschüssel im kochenden Wasserbad bis zur Blume aufschlagen und wieder kaltrühren. Die abgekühlte Butter und das Traubenkernöl nach und nach unter die Masse rühren. Zum Schluß die vorbereiteten Kräuter dazugeben mit Kräutersalz und Pfeffer abschmecken.

Aloe-Pastete

Zutaten für 4 Portionen

250 g Blätterteig aus der Tiefkühltruhe
etwas Butter und Mehl für die Form
400 g Aloe Vera Blattmark
1/2 kleiner Blumenkohl
1 Karotte
eine Prise Meersalz
2 Eier
3 Esslöffel Weißwein
120 g Crème fraîche
weißer Pfeffer aus der Pfeffermühle
1 Teelöffel Sojasoße

Den Blumenkohl in kleine Röschen teilen. Die Karotte in Stifte schneiden. Beides bissfest blanchieren. Die Hälfte des Aloe Vera Blattmarks in Streifen schneiden. Die andere Hälfte mit dem Weißwein, den Eiern, der Sojasoße und der Crème fraîche im Mixer aufschlagen. Mit Salz und Pfeffer würzen.

2/3 des Blätterteigs zu einem etwa 3 mm dicken und ca. 20 cm großen, runden Fladen ausrollen. Eine Backform von etwa 15 cm Durchmesser mit Butter ausstreichen , mit Mehl bestäuben und mit dem Teig auskleiden. Die Aloe- und Gemüsestreifen in die Form füllen und mit der Soße auffüllen. Aus dem Teigrest einen Deckel ausrollen. Mit Eigelb bestreichen und bei 190 °C in der unteren Ebene des Backofens 45 Minuten ausbacken.

Alternativ kann auch Mürbteig verwendet werden.

Desserts

und Backwaren

Aloe-Fruchtsalat

Zutaten für 4 Portionen
300 g Aloeblatt
50 g Blütenhonig
200 g Erdbeeren
1 Apfel, 1 Kiwi, 1 Orange,
1 Banane, 1 Mango oder andere Früchte, je nach Saison
1 Esslöffel Orangenlikör
15 g Mandelblätter

Das Aloeblatt schälen. Die Hälfte des Aloe Blattmarks mit dem Honig und dem Orangenlikör im Mixer zu einer Soße pürieren, die andere Hälfte mit den geschälten Früchten in gefällige Stücke schneiden und mit der Soße mischen.

Mandelblättchen in der Pfanne leicht hellbraun anrösten und über den angerichteten Fruchtsalat geben und servieren.

Aloe Vera Beignets

Zutaten für 4 Portionen
600 g Aloe Vera Frischblatt
1 Esslöffel Butterschmalz
100 g Mehl
2 Eier
1/8 Liter Bier oder Mineralwasser
Butterschmalz oder Öl zum Fritieren
1 Teelöffel Zimtpulver
50 g Honig

Butterschmalz schmelzen und dann mit dem Mehl mischen. Salz, Eier und Bier (oder Mineralwasser) dazugeben und alles zu einem dicken Teig verrühren.

Das Aloe Vera Blatt schälen, das Gel herauslösen und in Stücke schneiden. Die Stücke dann portionsweise in den Teig tauchen und bei mittlerer bis schwacher Hitze in etwa 5 Minuten in der Friteuse goldbraun backen. Dabei einmal wenden.

Die fertigen Aloe Beignets aus der Friteuse nehmen. Auf Küchenpapier abtropfen lassen und im Backofen bei 50 Grad (Gas: 5. Stufe) warm halten, bis alle Aloe Beignets gebacken sind.

Mit Zimt und Zucker bestreuen oder mit Honig beträufeln, heiß servieren. Dazu schmeckt auch Fruchteis, Vanilleeis oder Ahornsirup.

Forever-Aloe-Muffins

Zutaten für etwa 36 kleine Muffins

500 g Weizen
200 g Aloe Vera Gel (flüssig)
100 g Aloe Vera Blattmark in Würfeln
200 g Butter
200 g Blütenhonig
100 g gehackte Haselnüsse
1 Beutel Aloe Vera Blütentee
2 Eier
1/2 Päckchen Weinstein-backpulver
50 g süße Sahne
eine Prise Meersalz

Zutaten für die Soße

100 g Aloe Vera Gel flüssig
50 g Honig
100 g Kuvertüre

Für die Soße die Kuvertüre erwärmen (nicht kochen), nach und nach das Aloe Vera Gel und den Honig unterrühren.

Den Weizen fein mahlen, mit dem Backpulver und dem Salz mischen. Die Butter mit dem Blütenhonig schaumig rühren. Aloe Vera Gel mit den Eiern, der Sahne und dem Aloe Vera Blütenteepulver mischen. Diese Flüssigkeit abwechselnd mit dem Mehl unter die Buttermasse rühren. Zum Schluss die gemahlenen Nüsse dazu geben und in die Muffinformen füllen. (Die Formen nur zu 2/3 füllen). In jede Form einen Aloe Vera Würfel stecken und im Backofen bei 180° C etwa zwanzig Minuten ausbacken.

Die Forever-Aloe-Muffins abkühlen lassen. Aus der Form herausholen, in extra Papier packen und mit der vorbereiteten Soße garnieren.

Kuvertüre erwärmen (nicht kochen), nach und nach das Aloe Vera Gel und den Honig unter rühren.

Weißes und braunes Schokoladenmus mit Aloe Vera im Brickteig mit Erdbeeren

Zutaten für 4 Portionen

Für weißes Schokoladenmus

90 g Kuvertüre weiß
(im Wasserbad erwärmen)
1 Ei, 30 g Aloe Vera
125 g Sahne geschlagen

Für dunkles Schokoladenmus

90 g Kuvertüre Zartbitter
(im Wasserbad erwärmen)
1 Ei, 30 g Aloe Vera
125 g Sahne geschlagen

2 Blätter Brickteig (Feinkostgeschäft) oder ersatzweise Strudelteig
50 g Puderzucker

500 g frische Erdbeeren
2 cl Grand Marnier
frische Minze

Den Brickteig mit einem Ausstecher in 4 cm große Kreise ausstechen, auf Backblech legen und mit Puderzucker bestreuen. Im auf 200° C vorgeheizten Backofen zwei bis drei Minuten backen. Abkühlen lassen.

Für die beiden Schokoladenmus jeweils das Ei mit dem fein gehackten Aloemark im Wasserbad unter kräftigem Rühren zu einer schaumigen Masse aufschlagen. Die flüssige Kuvertüre zugeben und vorsichtig glattrühren. Unter die leicht abgekühlte Masse die geschlagene Sahne unterheben. Fertiges Mus kaltstellen.

Vor dem Servieren Erdbeeren waschen und vierteln, mit Grand Marnier marinieren und am Tellerrand anrichten. In der Tellermitte aus den Teigblättchen und den zweierlei Schokoladenmus abwechselnd einen kleinen Turm zusammensetzen.

Tipp Mit frischer Minze garnieren.

Erdbeeren mit Aloe Vera, grünem Pfeffer und Estragon

Zutaten für 2 Portionen

400 g frische Erdbeeren
50 g Aloe Vera Blattmark

Zutaten für die Soße

100 g frische Erdbeeren
50 g Aloe Vera Blattmark
1 Esslöffel grüner Pfeffer
1 Esslöffel gehackte französische Estragonblätter
1 Teelöffel Kapern
2 Esslöffel Weinbrand

Zutaten für die Garnitur

Würfel vom Aloe Vera Mark, Estragonblatt und grüne Pfefferkörner

Die Erdbeeren waschen und halbieren. Das Aloe Vera Blattmark würfeln und mit den Erdbeeren vermischen.

Die Zutaten für die Soße im Mixer zu einem feinen Schaum aufschlagen. Diese Soße kann auch erwärmt werden.

Die Erdbeer- und Aloewürfel in Dessertschalen hübsch anrichten, die Soße darüber geben und jeweils mit den Estragonblättern und grünen Pfefferkörnern garnieren und servieren.

Milchreis mit Aloe-Ananas

Zutaten für 4 Portionen

1 Tasse Milchreis
1 Tasse Wasser
1 1/2 Tassen Milch
50 g Butter
1 Esslöffel Zucker
1 Vanilleschote
1 Prise Salz
200 g Aloeblatt
300 g Ananas
50 g Honig
200 g Erdbeeren

Den gewaschenen Reis mit Wasser, Milch, Butter, Zucker und einer Prise Salz kurz unter Rühren aufkochen. Die Vanilleschote aufschneiden und das Mark herausschaben und zum Reis geben. Etwa 20 Minuten bei kleinster Hitze zugedeckt garen lassen. In eine kalt ausgespülte Tasse den fertiggekochten Milchreis einfüllen, abkühlen lassen und auf einen Teller stürzen.

Für die Soße das Aloeblatt und die Ananas schälen. Die geschälte Ananas und das Aloe Vera Mark im Mixer nicht zu fein zerkleinern. Den Honig und die gewaschenen Erdbeeren (bis auf vier Stück für die Garnitur) dazugeben und verrühren. Gefällig anrichten und servieren.

Weißwein-Aloe

Zutaten für 4 Portionen

800 g frisches Aloe Vera Blattmark Gel
1 Vanilleschote
1/2 l süßer Weißwein
1/2 Zimtstange
1 Esslöffel Honig
2 Esslöffel Zitronensaft
Die Schale einer unbehandelten Zitrone
200 g süße Sahne
1 Teelöffel Traubenzucker

Das Aloe Vera Blattmark Gel in 1 cm dicke Scheiben schneiden. Den Wein mit Vanilleschote, Zimtstange, Zitronensaft und Zitronenschale aufkochen lassen, kurz ziehen lassen und absieben. Die Aloe Vera Scheiben und anschließend den Honig dazugeben . Etwa 3 Stunden zugedeckt ziehen lassen.

Die Sahne steif schlagen und mit Traubenzucker süßen.

Tipp Servieren Sie das Dessert mit Sahne garniert und reichen Sie dazu ein paar Biskuitstangen.

Aloetaschen

Zutaten für ca. 15 Stück

500 g Weizen
200 g Aloe Vera Blattmark
50 g süße Sahne
80 g Honig
40 g Hefe
1 Eigelb
1 gestrichener Teelöffel Meersalz
60 g Butter
1 Ei zum Bestreichen

Zutaten für die Füllung

300 g Magerquark
80 g Honig
1 Ei
30 g Weizenmehl
100 g Aloe Vera Blattmark, in Würfel vorbereitet
1/2 Zitrone unbehandelt
1 Prise Meersalz
1 Prise Vanille

Teig Den Weizen fein zu Mehl mahlen. Aloe Vera, Honig, Hefe, Salz und Sahne im Mixer fein zu Schaum verarbeiten. Zum Mehl in eine große Schüssel geben, dann die Butter dazugeben und alles 10 Minuten kneten. Danach den Teig abdecken und eine Stunde warm stellen.

Füllung Honig und Ei zusammen aufschlagen. Quark, Meersalz, Mehl, die Schale der halben Zitrone und Vanille unterrühren. Die Aloe Vera Würfel unterheben.

Den Teig nochmals durchkneten und etwa 3 mm dick ausrollen. In 10 cm große Quadrate schneiden. Auf jedes Quadrat einen Esslöffel Füllung verteilen. Die Quadrate von den Ecken zusammenfalten. Die Spitzen mit einem Deckel versehen. Auf einem mit Backpapier versehenen Backblech 15 Minuten gehen lassen. Den Backofen vorher auf 220 °C vorheizen.

Die Aloetaschen aus dem Ofen nehmen und mit verquirltem Ei bepinseln. Danach die Aloetaschen 25 Minuten bei 200 °C ausbacken.

Variation Wenn Sie es eilig haben, nehmen Sie Blätterteig aus der Tiefkühltruhe.

Cocktails

Aloe Colada

Zutaten

1 Aloe Vera Blatt

1 Zitrone

2 Teelöffel Palmzucker

1/8 l Kokosmilch

1/8 l weißer Rum

Das Aloe Vera Blatt und die Zitrone schälen, in Würfel schneiden und zusammen im Mixer pürieren.

Mit dem Palmzucher, der Kokosmilch und dem Rum mischen. In Cocktailgläsern auf zerstoßenem Eis servieren.

Dallas

Zutaten

4 cl Aloe Vera Gel

3 cl Gin

2 cl Grand Marnier

1 cl Zitronensaft

1 Spritzer Grenadine

Die Zutaten im Shaker auf Eis schütteln. In gut gekühlte Gläser füllen und sofort servieren.

Aloe Lotte

Zutaten für 8 Gläser

1 Aloe Vera Blatt (300 g)
250 g frische Erdbeeren
1 Flasche Erdbeersekt

Das Aloe Vera Blatt schälen und das Aloe Vera Gel in Würfel schneiden. Die Erdbeeren reinigen, den Stielansatz entfernen und mit den Aloestücken im Mixer pürieren. Auf die Gläser verteilen und mit dem Sekt aufgießen.

Aloe Vera Frucht-Bowle

Zutaten für 6 Personen

1 Aloe Vera Blatt
3 Kiwi
1 kleine Ananas
1 Mango
1 Papaya
200 g Palmzucker
2 Päckchen Vanillezucker
1 l frisch gepresster Orangensaft
2 l Weißwein
1/2 l Aloe Vera Gel (flüssig)

Das Aloe Vera Blatt schälen und das Blattgel in Würfel schneiden. Die Kiwi, die Ananas und die Papaya schälen und das gesamte Fruchtfleisch in Würfel schneiden. Die Kerne auch verwenden.

Alles in eine Bowle-Schüssel geben, mit dem Palmzucker und dem Vanillezucker bestreuen und 20 Minuten kühl gestellt ziehen lassen.

Mit Orangensaft, Weißwein und Aloe Vera Gel übergießen. Mit Eiswürfeln servieren.

Tropical Aloe

Zutaten

4 cl Aloe Vera Gel
4 cl frisch gepresster Orangensaft
4 cl frisch gepresster Grapefruitsaft
4 cl Kokosnuss Likör
1 cl Zitronensaft
1 Teelöffel Grenadine
1 Orangenscheibe
Frische Pfefferminze

Alle Zutaten nacheinander über einige Eisstücke in ein großes Longdrinkglas geben.

Mit Orangenscheibe und Minze garniert servieren.

Aloe Honig Drink

Zutaten für 4 Gläser

4 Esslöffel Honig
1/4 l Aloe Vera Gel
4 Spritzer Angostura
1/4 l Mineralwasser
4 Zitronenscheiben

Honig, Aloe Vera Gel und Angostura gut verrühren. Einige Eiswürfel in Kelchgläser geben und alles darübergießen. Mit Mineralwasser auffüllen. Die Gläser mit je einer Zitronenscheibe garnieren und servieren.

Waikiki-Aloe

Zutaten

4 cl Wodka
6 cl Aloe Vera Gel
6 cl Ananassaft
1 Ananasscheibe

Wodka auf Eiswürfel in ein Longdrinkglas geben. Mit Aloe Vera Gel und Ananassaft auffüllen. Mit Ananasstückchen garnieren und servieren.

Aloe Dry

Zutaten

2 cl Aloe Vera Gel
2 cl Gin
2 cl Vermouth Dry

Alle Zutaten mit zwei Eiswürfeln im Shaker schütteln und in eine Cocktailschale geben.

Rezepte nach Gruppen

Salate

Suppen

Vorspeisen

Brot, Dips & Brotaufstriche

Teigwaren, Pizzen und kleine Beilagen

Hauptgerichte

Desserts und Backwaren

Cocktails

Impressum

Quellenangaben zu den Rezepten

Karl-Heinz und Yrkia-Astrid Mattern
Berchtenstraße 36
89520 Heidenheim

Hier wird mit Aloe gekocht:

Seegasthof Espachweiler
Bussardweg 1
73479 Ellwangen/Espachweiler

Gasthof zum Hirschen
Kapellenstraße 1
79674 Brandenberg/Todtnau

Die Ratschläge in diesem Buch sind von den Autoren und dem Verlag sorgfältig erwogen und geprüft worden, dennoch kann eine Garantie nicht übernommen werden. Eine Haftung der Autorin und des Verlags für Personen-, Sach- und Vermögensschäden ist ausgeschlossen.

Fotografie: Angela Francisca Endress, Usingen
Gestaltung und Satz: juhu media, Susanne Dölz, Bad Vilbel
Reproduktion: Lithotronic, Frankfurt am Main
Druck und Bindung:
Egedsa, Sabadell
Printed in Spain

ISBN 3-8295-6432-5

Besuchen Sie uns im Internet:
www.umschau-buchverlag.de